諷詩調 詩集 · 55

풍諷계戒집集 · 22

박진환 제73집

지성 · 감성의 메타언어
조선문학시인선 · 391

諷詩調詩集 · 55

풍諷계戒집集 · 22

조선문학사

■ 책머리에

풍시조(諷詩調)는 형이중학의 시다.

2014년 初夏

박 진 환

박진환 제73집 / 諷詩調詩集 · 55

풍諷계戒집集 · 22

차례

추적을 피하거든

5만원권 증발이 증가일로를 걷고 있다
어디로 갔을까? 지갑도, 금고도, 천장도 아닌 지하, 그렇구나
동그라미가 많을수록 숨기를 좋아하는, 숨어야 추적을 피하거든

그게 삶인 것을

여기저기 살림들이 널브러져 있어 무질서하다
무질서를 짜깁기해 조각보를 만들어 살림을 꾸린다
꾸려도 꾸려도 정돈되지 않는 꾸린내 못 면하는 그게 삶인 것을

몰아낼 수 있겠는가

아내는 밤내내 고달픈 코골이다
코골이에 길들여진 성한 내 귀엔 자장가다, 자장가가 없었다면
캄캄한 밤의 고달픈 적막, 무엇으로 몰아낼 수 있겠는가

집적지대다

집적이란 말이 있다, 모여 쌓인다는 경제학적 용어다
인간은 개인적으론 영리하지만 집단을 이루면 바보가 된다※는 말
그래, 국민의 반이 모여사는 서울과 경기는 바보들이 사는 집적지대다

※ 보드렐르의 말.

막대 탓이라 했던가

현 정부 총리후보 세 번째 낙마 두고 대통령 왈 '네 탓'
글쎄요, 한번도 아니고 두 번도 아니고 세 번째면 '네 탓'만은 아닐듯
우리 옛말에 소경이 넘어지면 막대 탓이라 했던가

탓이어서

요즘 화두는 단연 '탓'이데

나랏님은 '네 탓', 총리지명 사퇴자는 '국민탓', '국회탓'에 '언론탓'까지

탓이란 게 책임전가 아니던가, 허긴 문예부산 특허품이 탓이어서

※ 문예부산(蚊蚋負山) : 모기가 큰 산을 등에 짊어졌다 함이니 약한 자,
어리석은 자가 크고 중한 일을 맡았다는 장자의 말.

있긴 하지만

청와대 뒤숭숭에 웅성웅성할 게 뭐 있어 '조용히 해' 한마디면 될 걸
지금 처지가 구외불출로 버틸 그런 형편 못 되거든
침묵은 떠드는 것보다 웅변이란 말 있긴 하지만

※ 구외불출(口外不出) : 생각은 있으되 말은 아니함을 뜻함.

별사람 따로 있나

어떤 분은 총리 하고 싶어도 스스로 낙마 못 면하고
어떤 분은 총리직 사표 내고도 총리직 연장 수행이던데
따로 인선할 게 뭐 있나, 현 총리가 그대로 하지, 별사람 따로 있나

배짱인가 몽매인가

교육부장관 김명수 내정자, 교육행정학 윤리 규정
스스로 만들고 어겼다던데 규정대로라면 중징계감
헌데도 '관행' 내세워 버티기라니 배짱인가? 몽매인가?

3류 코미디여서

GOP 난사 주인공 임병장 대신 공인된 가짜 임병장도 등장
취재진 따돌리려 꾸민 드라마였다던데, 드라마를 국민의 책이라던가
책의 이치대로라면 국방부가 쓴 책은 3류 코미디여서

가짜 천국 못 면한 걸

부정부패, 관피아, 비정상의 정화와 아무리 떠들어도
국민의 생명을 책임지는 원전수리, 보수에 또 가짜 부품 사용
그뿐인가, 학위, 연구실적, 성적서 등 위조일색의 가짜 천국 못면한걸

참사 천국밖에 없는데요

세월호 참사, 요양원 참사, 총기난사 참사에 인사 참사까지
어쩌다 참사 천국이 되어버린 코리아, 밀턴 선생님
천국과 지옥이 따로 있던가요? 우리네에겐 참사 천국밖에 없는데요

돌아올 수 있게 했으면

탓 탓, 어찌 탓이없겠는가마는 '네 탓'만 있고 '내 탓'은 없어서
유아지탄을 정신덕목으로 알았던 옛분들의 겸손
그 겸손 귀양 보내 씨가 말랐으니 사면해서 돌아올 수 있게 했으면

※ 유아지탄(由我之歎) : 나로 말미암아 남에게 해가 미친 것을 걱정한다는 뜻.

씨구 씨구 얼씨구

대통령은 국회 탓, 국회는 대통령 탓, 여는 야 탓, 야는 여 탓
탓 탓 탓 탓자 놀음 즐기는 정치 장단에 국민들이 치는 장단은
씨구 씨구 얼씨구, 잘논다, 씨구가 뭐더라? 정치사전에만 있는 말

개조론일 듯싶은데

국개론 전에 인사 참극 빚은 인사위원회 개조가 먼저일 듯
새사람 찾으면서 헌 인사 시스템으로 가능 하겠는가
헌것 새것으로 바꾸는 게 개조론일 듯싶은데

맛보지 않았으니

'남 탓'하며 흘린 눈물과 '내 탓'하며 흘린 눈물 맛은 어떻게 다를까?
고신원루와 고왕원루는 또 어떻게 맛이 다를까?
맛보지 않았으니 어찌 알겠냐만, 전자는 짠맛, 후자는 피맛 아니겠나

※ 고신원루(孤臣寃淚) : 임금의 사랑을 잃게 된 외로운 신하의 눈물.

※ 고왕원루(孤王臣淚) : 백성에게 외면 당한 외로운 왕의 눈물이란 뜻으로 일종의 조어.

둘 다 공염불이지

서울시민 73%가 스스로의 사회적 위치 중하층 이하로 진단
상류층과 하위층만 있다는 양극화 현상, 강자와 약자
빈자와 부자, 지배층과 피지배층, 허니 상생 · 공생 둘 다 공염불이지

쓸만한 충고

야, 일제히 대통령 시스템 바꿔야 한다고 인사스타일 비판
그중에서도 국무총리는 대통령이 믿을 수 있는 사람이 아니라
국민이 믿을 수 있는 사람이어야 한다는 정문일침은 쓸만한 충고

※ 정문일침(頂門一鍼) : 정수리에 침 한 대를 꽂는다 함이니 적절한 충고를 뜻하는 소식(蘇軾)의 말.

총리 인선

헛수고를 일컬어 도로, 공들인 보람 없음을 도로무공, 얻은 것 없이
무익함을 도로무익, 거기다 애쓴 보람 없는 도로아미타불
타불이나 더블이나, 더블로 도루묵된 망가진 묵사발 총리 인선

딱 그래

새 술은 새 부대에 담는다고 했던가
이 이치대로라면 어찌 헌 인사시스템으로 새 인물 뽑겠나
허니 헌 인사시스템에 헌 인물이 제격이지, 총리 재임명이 딱 그래

바랄 수 있겠는가

의욕만 앞세우다 실천엔 미치지 못했으니 허사
언행일치가 어디 그리 말같이 쉽던가
하물며 입 봉한 침묵으로 어찌 행인들 바랄 수 있겠는가

수첩 인사

책임총리 아니면 어때, 대독총리면 또 어때
시키는 대로 속 안 썩히고 고분고분 따라주면 바라던 바 아니던가
괜히 잦은 낙마로 체면만 구긴 수첩 인사

불통 면할 것을

큰것 버리고 작은것 볼 줄 알고, 작은것 버리고 큰것 볼 줄도 알아야
길면 잘라내고 짧으면 이어낼 줄도 알아야 융통성
융통성 지니면 보는 법도, 척도하는 법도 터득해 불통 면할 것을

탐다무득의 삼무여서

무사 · 무념 · 무욕 말고도 무능 · 무기력 · 무책임을 삼무라데
헌데 앞의 삼무는 정신차원의 비움이고, 뒤의 삼무는
비우지 못한, 채워도 채워도 채워지지 않는 탐다무득의 삼무여서

※ 탐다무득(貪多無得) : 욕심이 많아 많은 것을 탐냄.

죄다 지녔으니

침묵 · 불통 · 오기 · 독선 · 역주행 · 어깃장 · 무능 · 묵살 · 무책임
더 없나, 있어도 없어도 그만이 아닌, 한 가지도 지녀선 안 되는 것들
허면 어쩌나, 지녀선 안 되는 것들만 골라서 죄다 지녔으니

명박으로 사시지

경북대가 MB께 명박을 수여키로 결정하자 교수 · 학생 · 학내구성원
지역 시민단체까지 반대, 이유인즉 4대강 · 국정원 대선개입 등등
이유가 명예 아닌 불명예니 함자 명박, 명예 삼아 명박으로 사시지

낫고 말고 하지

재활용 총리에, 무능 · 무기력 · 무책임의 삼무의 리더십에
월드컵 축구는 한게임도 못이긴채 무가 뭐그리 좋은거라고 무승부
영국인들왈 '없는것보다 있는게 낫다'던데, 뭐가있어야 낫고 말고 하지

공생명이어서

청 인사수석실 신설했다던데 인사시스템 없어서 그 모양이었나
새로 만든 것만이 능사가 아니지, 있는 기구 잘 쓰는 것도 지혜지
헌데 지혜란 게 공생명이어서

※ 공생명(公生明) : 공평한 마음이 있어야만 비로소 밝은 지혜가 생김을 뜻한 말.

유신이란 향수

침묵으로 포장하고 불통으로 덧씌워도 드러나는 삼무

무능 · 무기력 · 무책임

없을 무자 말고 있을 유자는 없는가? 있지, 유신이란 향수

'네 탓' 있으니

혼자 밥 먹고, 혼자 잠자고, 혼자 생각하는 혼자
나만 있고, 너는 없는 卽自가 혼자 아니던가
불행 중 다행이네, 對者 있어 탓이라도 할 수 있는 '네 탓' 있으니

아닐지?

언론마다, 논객마다 표현 각기 달라도
딱 하나 이구동성 똑같은 말 리더십 부재
부재란 게 不才 말고도 父宰 흉내 때문은 아닐지?

못 면한다 했던가

책임총리는 허사, 허사였으면 싶은 대독총리, 재생총리가 실사
실사고 허사고 지체 높으신, 구겨진 체면의 정승
천리마도 주인 잘못만나면 나귀신세 못 면한다 했던가

신파극 수준

푸른집은 특별무대, 운현궁도 아닌데 대원군도 있고
법에는 없는 부통령도 있으니 특별무대 아니던가
대원군과 부통령은 1인 2역, 헌데 공연은 신파극 수준

비울수록 채움이 되는

채우기보다 비우기가 더 어렵다는 걸 알면

비로소 비우는 즐거움을 알게 된다

채움으로는 즐길 수 없는, 비울수록 채움이 되는 비움의 즐거움

갇혀 산다

비움 따로 채움 따로가 아닌, 비움이 곧 채움, 채움이 곧 비움인 것을

비워보면 안다, 비우지 않고 채울 수 없고 채우면 비운다는 것을

헌데 사람들은 채울 줄만 알고 비울 줄은 모르니 욕망에 갇혀 산다

부끄럽네

북한 소득 남한의 23분의 1, 그쪽 가난이야 소문난 가난이고
우리쪽은 엄청 부자네, 헌데 말씀이지, 이쪽 최저임금도
시간당 5,580원으로 한끼 밥값수준, 부자연하기엔 부끄럽네

등등일 듯

정치전문가 5인의 대통령진단결과 "리더십 추락"에
레임덕 운운까지, 그보다는 "대통령 바뀌어야"엔 한목소리
어떻게 바뀌냐고? 대선공약지키기, 독선지양, 3무 극복 등등일 듯

알 수 없어라

역대 대통령 국정위기 리더십, MB는 '탄압', MH는 '돌파'
DJ는 '설득', YS는 '응변', 허면 박대통령은?
글쎄? 침묵에 불통으로 추락진행 중이니 알 수 없어라

법률이 많아진다던데

비록 국회가 법을 만드는 곳이긴 하지만 만들기만 하면 뭘 하나
있는 법 지킬 줄도 알아야 하는데, 인사 청문 제도 또 바꾸자고?
나라가 부패하면 부패할수록 이에 비례해 법률이 많아진다던데

난 도둑이거든

아래층 점집 개가 나를 보자 질겁을 하며 짖어댔다
점집 여편네 왈 "짖지마, 도둑을 봤을 때만 짖는 거야"
개도 점밥 신세 지더니 도둑을 알아본 모양이다, 난 도둑이거든

살리지 못해서

한국 정치 축구팀 여·야의 실력은 막상막하
집권 전리품 PK는 여 몫, 번번이 슛 골인
게임마다 연패 못 면한 야, 반칙 프리킥도 살리지 못해서

하고, 하고, 하고

TV 여 앵커들 붉은 복장, 더위에 화덕 되고
서늘한 흰국화꽃은 조화신세 못 면하고
붉고 흰 부조화에 국민들 100% 짜증 못 면하고

그래

정치권 만든 법도 제대로 못 지키면서 불리하면 법 개정
법은 만들기보다 준수하기가 더 어렵다는 걸 모르시는 모양
알고도 법 탓만 하면 모름만 못하거든, 청문회법 운운이 그래

뭐냐고?

세상이 온통 솔구이발, 혓바닥이 둘도 됐다 셋도 됐다
그 말 많은 말 중에 딱 한가지 같은 말 있데
뭐냐고? "박근혜 리더십 위기"

※ 솔구이발(率口而發) : 입에서 나오는 대로 함부로 말을 함.

걸음마 못 면한 수준

말로는 뭘 못하나, 관피아도 그래, 척결한다는 관피아
경영혁신중기업 상근부회장에, KNB 상임감사직은 관피아
척결 따로, 낙하산 따로, 따로 따로 따따로, 아직 걸음마 못면한 수준

개인이 먼저인가?

총리실, 세월호 국조 자료 제출 거부 이유인 즉
사생활, 개인정보보호법 내세웠다던데, 허면
사생활·개인이 먼저고 국가는 뒷전? 민주국가는 개인이 먼전가?

믿음

기독교의 하나님, 천도교의 한울님, 대종교의 한얼님
하나와 한은 전능·최고·주제자란 유일신에의 신앙
신앙이란 이성적 해석이 아닌 이성의 초월로만 가능한 믿음이어서

탕감해야 할 판

MB 치적 중 역사의 심판을 받아야 할 4대강 사업
반대 민의 무릅쓰고 강행, 치적 삼으려다 되레 반역사적 헛수고
어마어마한 공사 빚더미, 결국은 국민 혈세로 탕감해야 할 판

버릴 것이 더 많아서

김 교육부장관 임명자 논문표절에 연구비 가로채기에
신문칼럼까지 대필이면 골라 봐도 배울 게 하나도 없네
국가의 운명은 교육에 있다던데, 배울 것보다 버릴 것이 더 많으니

이를 말해줌이거니

책임져야 할 일엔 침묵, 생색내야 할 일엔 다변
이런 재주도 꼼수로 드러나면 반응은 신뢰 하락
대통령 신뢰도 프로테이지 추락, 이를 말해줌이거니

못 면해

한국외교 최우선은 남북관계 개선인데 현실은 거꾸로
한·미, 한·중, 한·일에 밀려 남북관계는 열외
천하가 통일돼도 남북 두동강이면 끝내 불통 못 면해

미국

계속되는 이라크 혼란 두고 미국의 원죄냐? 오바마 책임이냐?

책임이건 원죄건 못 면하는 미국의 패권주의

기만과 거만은 인간의 원죄였다던데, 기만 · 거만 만자돌림병 미국

더 큰 효험 볼 텐데

여론 탓, 눈높이 탓, 시간 탓에 제도 탓까지, 탓마다 '네 탓'
탓이란 게 핑계나 구실 삼는 일 아니던가, 핑계도 구실도 말고
'네'자 '나'로 바꾸면 '내 탓', 체루 효과보다 더 큰 효험 볼 텐데

그걸 알아야 하는데

한국 20대 정당보기 '통진당보다 새누리당이 더 싫다'고
하나 무슨 걱정, 60대 이상 노인 보수지지층 빵빵한데
빵빵하면 터지기도 하는 법, 터지면 찌그러져, 그걸 알아야 하는데

형제뻘이거든

일 아베 얼굴에 히틀러 얼굴 오버랩해 전범 취급
일본의 양심일까? 전쟁에 대한 속죄일까? 깐건 관두고
북·일 밀월, 이유 있었네, 호전성 전범 경력 형제뻘이거든

MB는 알까

MB 유물 4대강 수공빚 8조원, 정부가 덤터기 쓸 수도 있다던데
뭐야, 정부가 덤터기 쓰면 결국은 국민혈세로 갚겠다
4대강 보에 고인 물이 물 아닌 혈세의 피란 걸 MB는 알까?

종교집단 못 면한 걸

권력과 돈이 종교가 된 사회적 순위란 한 지성의 말
비꿔보면 권력과 돈이 신앙이 됐단 뜻과 함께 이를 신으로 믿는다는 뜻
어디 사회뿐인가; 국가도 권력과 돈으로 지배하는 종교집단 못 면한 걸

맞춰야 할 차례

박대통령 인사 참사를 국민의 눈높이 탓으로 돌리던데
틀린 말 아닌 것이 국민의 눈 달걀봉사 면한지 이미 오래거든
이제는 대통령이 국민의 눈높이에 맞춰야 할 차례

사기술이거든

정치란 국민을 다스리는 일이며 영구히 다스리길 원한다
영구집권이 정치가의 꿈이고 이상이다, 이를 위해 부리는 술수
정치란 시냇물이 없어도 다리를 놓겠다고 공약하는 사기술이거든

좋았을 걸

최고의 의결기구인 13인 대법관의 성향 크게 다르지 않다는 진단인즉
서울대 출신, 일찍 고시합격, 연수원 수·차석, 재벌에 유리한 판결
성향은 같아도, 제 목소리 낼 수 있는 육성은 달랐으면 좋았을 걸

16강을 바라다니

한 게임도 이기지 못하고 돌아온 월드컵 국가대표팀 맞이
'엿이나 먹어라'라며 입에 엿을 물려줬다던데
스포츠를 승패로만 여기는 코리아, 그러고도 16강을 바라다니

주워 먹긴 했지만

쓰레기통 뒤져 주한미군의 전투식량 수거해 대량유통

평생 빌어먹기, 속여먹기 못 면한 상거지 근성의 코리아

허긴, 6·25 때 미군도 쓰레기통 뒤져 사과껍질 주워 먹긴 했지만

좀 식히게

TV 여 아나들 한동안 안 입던 레드칼라 또 즐겨 입데
찜통더위에 화면 붉게 물들이니 화덕이 따로 없어
시원스레 그린칼라 입으면 안 될까? 화덕 가슴들 좀 식히게

3류 코미디

고성 GOP 참사, 소재도, 구성도, 연출도 얼렁썰렁
논픽션도 픽션도 아니고, 그렇다고 납량용은 더욱 아닌
소대장 어깨 총상은 서툴러도 왕 서투른 3류 코미디

보배 될까

인사참사 두고 야 탓, 눈높이 탓, 여론 탓으로도 부족해 제도 탓
이쯤이면 당초 잘못됐다는, 책임전가 아니면 핑계나 구실
구슬이 서말이라도 꿰어야 보배라던데 구실도 꿰매면 보배 될까

버릇으로 굳어서

뜻한 바대로 되지 않고 그릇되면 원인도 까닭도 죄다 남 탓
허긴 자고로 골수에 박힌 피학의식 역사로 하고 살았으니
잘되면 조상 탓, 못되면 남 탓이 버릇으로 굳어서

신세 돼서

마피아 · 관피아 · 해피아 · 금피아 · 문피아, 피아가 화두
그 많은 피아 중 없는 건지, 빠진 건지 청피아는 과문이어서
과문이기 다행이지 죄다 주워 담아 귀가 차면 귀머거리 신세 돼서

안 보이거든

일, 집단자위권 행사, 미 써먹기완 달리 되레 재앙 안 될지
도쓰게기 발동하면 앞뒤 가리는 법이 없거든
법 없으니 무법천지, 훈수꾼도 안 보이거든

없어서

김정은 마빡에 5cm 정도 흉터 있다고 무슨 발견이나 한 듯 떠들어대

관심이냐? 험집이냐? 궁금증이냐? 그도 아니면? 눈도 밝으시지

흉터 있으면 뭘하고 없으면 뭘하나, 밥 먹고 할 짓들이 그리 없어서

양잿물 될 수도 있어서

일 집단자위권 행사할 모든 권리 있다고 미 훈수하고 나서
허긴 북·중 견제용으로 최적격, 군침 다시던바 아니던가
헌데, 이석격석의 힘 기르면 다신 군침 양잿물 될 수도 있어서

※ 이석격석(以石擊石) : 돌로 돌을 때린다는 뜻으로 힘이 거의 같음을 말함.

충성다운 총성

정작 열어야 할 입은 침묵인데 한 젊은이 입 열어
"여당이 먼저 사과, 읍소마케팅 이젠 그만"
당·청 싸잡아 날린 직격탄, 오랜만에 들어보는 충성다운 총성

배울 줄을 몰라서

대학교수 10명 중 8명 김명수 교육부장관 내정자 사퇴해야
그뿐인가, 혁신위도, 친박계도 강한 의견, 문제 심각 들고 나와
허긴, 교수님들 가르칠 줄만 알았지, 배울 줄은 몰라서

있었지만

박대통령에 대한 관심, '관심 대통령'으로 관심 표명
헌데 그 관심이란 게 남은 임기 3년 반에 대한 관심이데
MB땐 취임식날 퇴임날에 맞춰 돌리는 MB시계란 것도 있었지만

실덕 아니던가

그리도 사람 고를 줄을 모르는 걸까? 사람이 없는 걸까?
지천으로 널린 게 사람인데 그중에 고른 사람 낙마에 낙마 또 낙마
명마란 힘을 일컬음이 아닌 덕을 말함인데* 낙마면 실덕 아니던가

※ 논어에 나오는 공자(孔子)의 말.

못 면하고

OECD국가중 자살율 10년째 최고에 끽연율은 2위
나란히 1, 2위면 성적치곤 짱인데
짱이란 게 꼴찌만도 못한 짱이어서 짱구신세 못 면하고

걸음마 수준

일은 집단자위권 발동으로 스스로 전쟁수행능력 지니게 되고
한국은 전시작전권 미에만 의존 주권행사 못 챙기고
일본따로, 한국따로, 따로 따로 따따로 한국의 자위권은 걸음마 수준

무엇부터 해야 할지

보수성향의 학자와 전문가, 각기 표현은 달라도 목소리는 하나
"국가개조에 앞서 대통령 스스로를 개조하라"고
글쎄요, 틀린 말 아니나 개조할 것이 하도 많아 무엇부터 해야 할지?

될 수 있어서

교사 1만 2천여 명 실명으로 대통령 퇴진요구
용기일까? 양심일까? 개혁의 의지일까? 셋 다일 듯싶은 퇴진요구
쿳방귀만으론 외면 못할 듯, 학생 · 학부모 뜻도 포함될 수 있어서

시늉만

채용박람회로 본 일자리창출 실태인즉 '연령무관'에도 불구
젊은층 선호에 그나마 정부가 하라하니 시늉만, 작년 인건비중
지출이 37%로 찔끔찔끔 지불하는 시늉만, 하니 일자리 또한 시늉만

보보다 높네

MB의 치적 제1호인 4대강 보가 악의 보가 될 줄이야 고인물은 썩어 녹조화 되고, 생태계는 파괴되고, 수질은 오염되고 되고 되고 되고가 안되고 안되고 안되고로 치적(峙積)돼 보보다 높네

수두룩한데

박대통령, 인사검증 눈높이만 탓하던데
아니지, 낮은 인물만 고른 낮은 눈높이가 더 문제 아니겠나
수첩 밖엔 눈높이보다 더 높은 공재공망의 인물이 수두룩한데

※ 공재공망(公才公望) : 정승이 될 만한 재덕과 인망이 있음을 뜻함.

3년여가 더 문제지

박근혜 정부 1년 반, 종북몰이로 이념통치, 보수 · 진보로 갈등 통치
마키아벨리즘에 '전쟁을 예비하라' 그래야 통치 축이 이루어진다
이런 비슷한 말 있지, 아니지 딱 닮았어, 남은 3년여가 더 문제지

덕으로 다스렸으면

네 탓만 알고 어찌 구실재아는 모르는 걸까?
통치 1년 반의 잘못은 '네 탓'으로 치고
남은 3년여는 개과불린의 덕으로 다스렸으면

※ 구실재아(咎實在我) : 남의 잘못이 아니고 스스로의 허물이라고 자인한다는 말.

※ 개과불린(改過不吝) : 과실이 있으면 즉시 고치는데 조금도 주저하지 않는다는 말.

죄가 될까? 용서가 될까?

하나님 사업하다 실수하거나 과오 범하면 죄가 될까 성심이 될까 하나님과의 약속 중요하듯 사람과의 약속도 중요할 터, 하나님과의 약속 지키려다 사람과의 약속 못 지키면 죄가 될까? 용서가 될까?

죄

사람과의 약속도 못 지키면서 어찌 하나님과의 약속 지킬 수 있을까?
하나님과의 약속도 못 지키면서 어찌 사람과의 약속 지킬 수 있을까?
헌데, 못 지킨 하나님과의 약속은 죄, 못 지킨 사람과의 약속은 무죄

봄 되면 알게 돼

박근혜, 오바마보다 시진핑을 더 좋아하나? 미 언론 의혹
의혹은 어리석은 자의 지혜라던데, 지혜냐? 어리석음이냐?
환연빙석, 삼동 못 면한 한반도 기류, 봄 되면 알게 돼

※ 환연빙석(渙然氷釋) : 얼음이 녹아 시원스럽게 풀린다 함이니 늘 지니고 있던 의문을 분명히 알게 됨을 이르는 말.

영 달라서

세월호 유족 "여당엔 원래 큰 기대도 안 했다"면 야당엔 기대했단 뜻 야권, 청와대 향해 인사검증 하기는 했나?엔 침묵, 침묵 등에 한 당사자들은 버티기, 등이란 게 업힐 때와 내려놓을 때가 영 달라서

이 지경이 된 악본불음을

새누리당 7 · 30 보선, 기대치는 역대 보선에서 승리했다는 전례
정책 대결로 승패 가려야할 집권당 기대치가 고작 그것이라니
어쩐다, 이 지경이 된 악본불음을

※ 악본불음(惡本不蔭) : 나쁜 나무에는 그늘도 없다는 말이니 좋지 못한 사람에게서는 바랄 것 또한 아무것도 없다는 뜻.

피 아니던가

4대강 보 빚 7조4천억 원, 당사자인 수공 6천억 원만 자체부담
나머지는 정부·국회와 협의라니 결국은 국민 혈세로 메우겠다
4대강물이 물 아닌 피로 흐르겠구먼, 혈세가 국민의 피 아니던가

안 그렇던가

공통분배란 말, 잘쓰면 경제적 용어, 잘못쓰면 좌빨용어
신자유주의 용어론 헛소리, 자본주의 용어론 조밥 먹었냐
오직 하느님만이 할수 있는 공통분배, 분분분내리는 적설이 안그렇던가

삼절이었네

미모와 함께 우아 · 세련 · 당당의 평리위안, 시선집중 이유 있었네
미인이 끄는 힘은 황소보다도 강하다던데 황소보다 강한 힘
광염(光艷) · 일녀(佚女) · 청아(靑娥)의 삼절(三絶)이었네

방언에 불과

돈이면 최고, 돈만 있으면 장땡, 돈이 신이자 신앙인
이기의 추종자이자 이타의 살해자인 신자유주의 신봉자들
그들에게 부의 공통분배니, 사회에의 환원이라는 말 한낱 방언에 불과

정신덕목이어서

어찌하여 대중 관계처럼 대북·대일 관계는 풀 수 없는 것일까?
그것도 네 탓 때문일까? 이거야말로 내 탓 때문인 것 같은데
내 탓이란 게 외교론 배울 수 없는 정치덕목 아닌 정신덕목이어서

참약발

인식을 같이 했다, 입장이 반영됐다, 재확인했다는 외교상 관례어
약방에 감초처럼 써도 그만 안써도 그만, 약발에 별무 효과
허니 격화요양격, 약효도 없는 달큰한 말보다 yes냐 no냐가 참약발

※ 격화요양(隔靴搔痒) : 신을 신고 가려운 데를 긁는다 함이니 마음으로는 애써 하려하나 아무리 하여도 실제 효과는 얻지 못한다는 뜻.

양극

채우지 못해 환장하는 시대에 비우고자 하면 뭐가 될까
병신일까? 천치일까? 아니면 멍청이 바보일까? 채워도 채워도
결핍 못 면하는 부와, 비워도 비워도 가득 채워지는 빈의 양극

부달시변이어서

치우친 고집을 영원한 병이라 했던가, 허면 종신지질
그 병 고치려면 한가지 처방전 없는 것도 아니지만
처방전이란 게 약발이 안 먹히는 쌩고집 부달시변이어서

※ 종신지질(終身之疾) : 평생 고칠 수 없는 병.

※ 부달시변(不達時變) : 완고하여 변동이 없음.

조롱과 같아서

정치 · 경제 · 군사 · 과학 등 의존에 잘 길들여진
한 · 미, 한 · 중 앞에 하고 궁조입회 못 면하는 코리아
헌데 품안이란 게 갇혀 사는 조롱과 같아서

※ 궁조입회(窮鳥入懷) : 쫓긴 새가 품안으로 날아든다는 뜻으로 곤궁한 사람이 와서 의지함에 비유한 말.

왕자무친은 옛말인데

관피아의 피아가 무언가? 그와 나 아니던가, 허니 너와 나도 되지
우리말에 누이 좋고 매부 좋고, 꿩 먹고 알 먹고 안 있던가
서로 좋으면 됐지, 피아 따져 뭘하겠나, 왕자무친은 옛말인데

중국이 아니던가

정부, 중이 박대통령 드레스덴 구상 지지했다고 희희낙락
헌데 희희낙락이란 게 함께가 아닌 혼자 좋다말 수도
함소상희가 북녘 아닌 중국이 아니던가

※ 함소상희(含笑相喜) : 보고 보고 또 보며 웃음을 머금고 서로 기뻐함.

허리 펴지

한반도 비핵화냐? 북한 비핵화냐? 중국의 답은 전자 단답
북녘핵도, 남녘핵도 중국에겐 손톱 밑에 가시거든
남북 공히 핵 발 못 붙이게 해야, 장골라 허리 펴지

•

박진환 시인은 전남 해남 출신으로 동국대 국문학과를 거쳐 중앙대 대학원을 졸업(문학박사)했다. 1960년 동아일보 신춘문예(詩)·1963년 自由文學(문학평론)으로 문단에 데뷔했고, 국제PEN한국본부 사무국장 및 이사, 한국문협 고문을 역임했다. 제9회 시문학상, 제3회 비평문학상, 펜문학상, 윤동주문학상 등을 수상했고, 한서대학교 교수 및 예술대학원장을 역임했으며 현재 월간 『조선문학』 발행인 겸 주간으로 있다. 중요 저서로는 시집에 『귀로』, 『사랑법』, 『꽃시집』, 『三行詩抄』 Ⅰ~Ⅺ 『諷詩調』, 『박진환시전집』 Ⅰ·Ⅱ·Ⅲ·Ⅳ·Ⅴ·Ⅵ·Ⅶ, 『物神時代』 Ⅰ·Ⅱ·Ⅲ·Ⅳ·Ⅴ, 『동굴일지』 Ⅰ·Ⅱ·Ⅲ·Ⅳ·Ⅴ, 『2012년 8월』에서 『2013년 7월』까지, 『풍계집·1』에서 『풍계집·25』까지 76권의 시집이 있고 평론집으로 『한국현대시인론』, 『현대시론』, 『21C시학과 시법』 등 다수와 『한국시의 공간구조연구』, 『21C 시학』, 『시창작론』, 『諷詩調詩學』 외 다수의 역저가 있다.

•

조선문학시인선 391

諷詩調詩集·55

풍諷계戒집集·22

2014년 8월 20일 인쇄
2014년 8월 30일 발행

지은이 / 박진환
발행인 / 박진환
펴낸곳 / 조선문학사
등록번호 / 1-2733
주소 / 120-853 서울 서대문구 통일로 389(홍제동)
전화 / 02-730-2255
팩스 / 02-723-9373

ISBN 978-89-98115-81-4

정가 10,000원